Table of Contents

The Mandarin Language 4

Greetings and Phrases............................. 6

Family.. 8

Food.. 10

Animals... 12

At Home... 14

Clothing 16

In the Neighborhood 18

Transportation 20

Hobbies 22

Days of the Week 24

Seasons 25

Weather 26

Colors.. 28

Numbers.. 30

About the Translator 32

The Mandarin Language

Mandarin Chinese is the most common dialect—form of a language—spoken in China. Other dialects include Cantonese, Hakka, and Wu. About one billion people around the world speak Mandarin.

Meet Chatty Cat! Chatty Cat will show you how to say the words and phrases in this book.

How to Use This Book

Some words and phrases complete a sentence. Those will appear in bold.

English	**I like . . .**
Mandarin	我喜欢 。。。
	wǒ xǐhuān
Say It!	wuh shee-wan

+

English	**dancing.**
Mandarin	跳舞。
	tiàowǔ
Say It!	tyow-wuh

Others give you the name for a person, place, thing, or idea.

English	spring
Mandarin	春天
	chūntiān
Say It!	choon-tyen

English	rice porridge
Mandarin	稀饭
	xīfàn
Say It!	she-fan

Below the Chinese characters is the word or phrase in Pinyin. Pinyin helps people pronounce Mandarin words.

English	spring
Mandarin	春天
	chūntiān
Say It!	choon-tyen

Greetings and Phrases

Mandarin 问候语和短语
wènhòu yǔ hé duǎnyǔ

Say It! wen-ho yu huh dwan-yu

English Hello!

Mandarin 你好!
nǐ hǎo

Say It! nee hou

English My name is . . .

Mandarin 我的名字是 。。。
wǒ de míngzì shì

Say It! wuh duh ming-zuh shih

English What is your name?

Mandarin 你叫什么名字?
nǐ jiào shénme míngzì

Say It! nee jou shem-muh ming-zuh

English How are you?

Mandarin 你好吗?
nǐ hǎo ma

Say It! nee hou muh

English I am good.

Mandarin 我很好。
wǒ hěn hǎo

Say It! wuh hen hou

English Nice to meet you.

Mandarin 很高兴见到你。
hěn gāoxìng jiàn dào nǐ

Say It! hen gou-shing jen dow nee

English Please.
Mandarin 请。
qǐng
Say It! ching

English Thank you!
Mandarin 谢谢!
xièxiè
Say It! sheh-sheh

English You're welcome!
Mandarin 不客气!
bù kèqì
Say It! boo kuh-chee

English Goodbye!
Mandarin 再见!
zàijiàn
Say It! zahy-jen

English See you later!
Mandarin 回头见!
huítóu jiàn
Say It! way-toh jen

English Yes.
Mandarin 是的。
shì de
Say It! shih duh

English No.
Mandarin 不。
bù
Say It! boo

In Mandarin, you greet a person with a phrase that literally means "You are well."

Family

 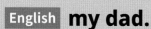

English **This is . . .**
Mandarin 这是。。。
zhè shì
Say It! juh shih

English **my dad.**
Mandarin 我的爸爸。
wǒ de bàba
Say It! wuh duh bah-bah

English **my mom.**
Mandarin 我的妈妈。
wǒ de māmā
Say It! wuh duh mah-mah

English **my brother.**
(older)
Mandarin 我的哥哥。
wǒ dí gēgē
Say It! wuh duh guh-guh

English **my brother.**
(younger)
Mandarin 我的弟弟。
wǒ de dìdì
Say It! wuh duh dee-dee

English **my sister.**
(older)
Mandarin 我的姐姐。
wǒ de jiějiě
Say It! wuh duh jeh-jeh

English **my sister.**
(younger)
Mandarin 我的妹妹。
wǒ de mèimei
Say It! wuh duh may-may

English **my uncle.** (father's side)
Mandarin 我的叔叔。
wǒ de shūshu
Say It! wuh duh shoo-shoo

English **my aunt.** (father's side)
Mandarin 我的姑姑。
wǒ de gūgū
Say It! wuh duh goo-goo

English **my cousin.** (younger boy, father's side)
Mandarin 我的堂弟。
wǒ de táng dì
Say It! wuh duh tahng dee

English **my cousin.** (older boy, father's side)
Mandarin 我的堂哥。
wǒ de táng gē
Say It! wuh duh tahng guh

English **my grandpa.** (father's side)
Mandarin 我的爷爷。
wǒ de yéyé
Say It! wuh duh yeh-yeh

English **my grandma.** (father's side)
Mandarin 我的奶奶。
wǒ de nǎinai
Say It! wuh duh nahy-nahy

In Mandarin, the words for relatives on the mother's side are different from those for relatives on the father's side. Words for younger and older people can be different too.

Food

Mandarin	食物
	shíwù
Say It!	shih-woo

English I'm hungry. I want . . .
Mandarin 我饿了。我想 。。。
wǒ èle wǒ xiǎng
Say It! wuh uh-luh wuh shan

English **breakfast.**
Mandarin 早餐。
zǎocān
Say It! zow-chan

English rice porridge
Mandarin 稀饭
xīfàn
Say It! she-fan

English **lunch.**
Mandarin 午餐。
wǔcān
Say It! woh-chan

English noodles
Mandarin 面
miàn
Say It! me-en

English **dinner.**
Mandarin 晚餐。
wǎncān
Say It! wan-chan

English chicken
Mandarin 鸡
jī
Say It! jee

English rice
Mandarin 饭
fàn
Say It! fan

English **a snack.**
Mandarin 小吃。
xiǎochī
Say It! shao-chih

English an orange
Mandarin 一个橙子
yīgè chéngzi
Say It! ee-guh
chan-zuh

English spinach
Mandarin 菠菜
bōcài
Say It! boh-tahy

English bread
Mandarin 面包
miànbāo
Say It! mien-bou

English milk
Mandarin 牛奶
niúnǎi
Say It! nyoo-nahy

Milk products are common only in modern China. The most common dairy products are milk and yogurt. Cheese is not as popular.

Animals

Mandarin 动物
dòngwù
Say It! 🐱 dong-wuh

English a panda
Mandarin 一只熊猫
yī zhǐ xióngmāo
Say It! 🐱 ee juh shong-mou

English a horse
Mandarin 一匹马
yī pǐ mǎ
Say It! 🐱 ee pee mah

English a chicken
Mandarin 一只鸡
yī zhǐ jī
Say It! 🐱 ee juh jee

English a dog
Mandarin 一只狗
yī zhǐ gǒu
Say It! 🐱 ee jee gou

English a fish
Mandarin 一条鱼
yītiáo yú
Say It! 🐱 ee-tou yu

English a frog
Mandarin 一个青蛙
yīgè qīngwā
Say It! 🐱 ee-guh ching-wah

English a cat
Mandarin 一只猫
yī zhǐ māo
Say It! 🐱 ee juh mou

English a pig
Mandarin 一头猪
yītóu zhū
Say It! 🐱 ee-toh joo

English a cow
Mandarin 一头牛
yītóu niú
Say It! 🐱 ee-toh nyoo

English a bird
Mandarin 一只鸟
yī zhǐ niǎo
Say It! 🐱 ee juh nyow

At Home

Mandarin 在家里
zài jiālǐ
Say It! 🐱 zahy jah-lee

English a living room
Mandarin 一间客厅
yī jiàn kètīng
Say It! 🐱 ee jen kuh-ting

English a window
Mandarin 一个窗口
yīgè chuāngkǒu
Say It! 🐱 ee-guh chwang-koh

English a couch
Mandarin 一个沙发
yīgè shāfā
Say It! 🐱 ee-guh shah-fah

English a computer
Mandarin 一台电脑
yī tái diànnǎo
Say It! 🐱 ee tahy din-nou

English a bed
Mandarin 一张床
yī zhāng chuáng
Say It! 🐱 ee jang chwang

English a bedroom
Mandarin 一间卧室
yī jiàn wòshì
Say It! 🐱 ee jen wuh-shih

English a phone
Mandarin 一部电话
yī bù diànhuà
Say It! 🐱 ee boo din-wah

English a kitchen
Mandarin 一个厨房
yīgè chúfáng
Say It! 🐱 ee-guh choo-fan

English a door
Mandarin 一扇门
yī shàn mén
Say It! 🐱 ee shahn men

English a table
Mandarin 一张桌子
yī zhāng zhuōzi
Say It! 🐱 ee jang joh-zuh

English a chair
Mandarin 一把椅子
yī bǎ yǐzi
Say It! 🐱 ee bah ee-zuh

English a bathroom
Mandarin 一个卫生间
yīgè wèishēngjiān
Say It! 🐱 ee-guh way-shung-jen

English a toilet
Mandarin 一个厕所
yīgè cèsuǒ
Say It! 🐱 ee-guh tuh-swah

English a bathtub
Mandarin 一个浴缸
yīgè yùgāng
Say It! 🐱 ee-guh yoo-gan

English a sink
Mandarin 一个水槽
yīgè shuǐcáo
Say It! 🐱 ee-guh shay-tou

Clothing

English	I am wearing . . .
Mandarin	我穿着 。。。
	wǒ chuānzhuó
Say It!	wuh chun-juh

Mandarin	衣服
	yīfú
Say It!	ee-foo

English	a shirt.
Mandarin	一件衬衫。
	yī jiàn chènshān
Say It!	ee jen chen-shan

English	pants.
Mandarin	裤子。
	kùzi
Say It!	koo-zuh

English	a hat.
Mandarin	一顶帽子。
	yī dǐng màozi
Say It!	ee ding mou-zuh

English	a coat.
Mandarin	一件外套。
	yī jiàn wàitào
Say It!	ee jen wahy-tou

English **a dress.**
Mandarin 一件衣服。
yi jiàn yīfú
Say It!  ee jen ee-foo

English **a skirt.**
Mandarin 一件裙子。
yi jiàn qúnzi
Say It! ee jen chen-zuh

English **socks.**
Mandarin 袜子。
wàzi
Say It! wah-zuh

English **shoes.**
Mandarin 鞋。
xié
Say It! sheh

English **a sweatshirt.**
Mandarin 运动衫。
yùndòng shān
Say It! yoon-dong shan

In the Neighborhood

Mandarin 在附近
zài fùjìn
Say It! 🐱 zai foo-jen

English a park
Mandarin 一个公园
yīgè gōngyuán
Say It! 🐱 ee-guh gon-yoo-en

English an apartment building
Mandarin 一栋公寓楼
yī dòng gōngyù lóu
Say It! 🐱 ee don gon-yoo loh

English a house
Mandarin 一个房子
yīgè fángzi
Say It! 🐱 ee-guh fahn-zuh

English a school
Mandarin 学校
xuéxiào
Say It! 🐱 shuh-shou

English a hospital
Mandarin 一所医院
yī suǒ
yīyuàn
Say It! 🐱 ee soh
yee-yuhn

English a post office
Mandarin 一个邮局
yīgè yóujú
Say It! ee-guh yoh-joo

English a library
Mandarin 图书馆
túshū guǎn
Say It! too-shoo gwan

English a bus stop
Mandarin 一个巴士站
yīgè bāshì zhàn
Say It! ee-guh bah-shuh jan

English a street
Mandarin 一条街
yītiáo jiē
Say It! ee-tyow jeh

English a grocery store
Mandarin 一家杂货店
yījiā záhuò diàn
Say It! ee-jah zah-ho dyen

Transportation

Mandarin 运输
yùnshū
Say It! 🐱 yoon-shoo

English a boat
Mandarin 一条船
yītiáo chuán
Say It! 🐱 ee-tou chwan

English an airplane
Mandarin 一架飞机
yī jià fēijī
Say It! 🐱 ee jah fay-jee

English a train
Mandarin 一列火车
yīliè huǒchē
Say It! 🐱 ee-lee hoh-chuh

English a bicycle
Mandarin 一辆自行车
yī liàng zìxíngchē
Say It! 🐱 ee lee-ang suh-zing-chuh

English a bus
Mandarin 一辆公交车
yī liàng gōngjiāo chē
Say It! 🐱 ee lee-an gong-jou chuh

English a car
Mandarin 一辆车
yī liàng chē
Say It! 🐱 ee lee-ang chuh

English a truck
Mandarin 卡车
kǎchē
Say It! 🐱 kah-chuh

English the subway
Mandarin 地铁
dìtiě
Say It! 🐱 dee-tyeh

Hobbies

Mandarin 兴趣爱好
xìngqù àihào
Say It! 🐱 shing-chuh ahy-hou

English **I like . . .**
Mandarin 我喜欢 。。。
wǒ xǐhuān
Say It! 🐱 wuh shee-wan

English **reading.**
Mandarin 阅读。
yuèdú
Say It! 🐱 yuh-doo

English a book
Mandarin 一本书
yī běn shū
Say It! 🐱 ee ben shoo

English **painting.**
Mandarin 绘画。
huìhuà
Say It! 🐱 way-wah

English **Chinese chess.**
Mandarin 中国象棋。
zhōngguó xiàngqí
Say It! 🐱 jon-gwah shang-chi

English **table tennis.**
Mandarin 乒乓球。
pīngpāng qiú
Say It! ping-pan choh

English a ball
Mandarin 一个球
yīgè qiú
Say It! ee-guh choh

English **dancing.**
Mandarin 跳舞。
tiàowǔ
Say It! tyow-wuh

English **swimming.**
Mandarin 游泳。
yóuyǒng
Say It! yoh-yon

English **Tai Chi.**
Mandarin 太极。
tàijí
Say It! tahy-jee

English **singing.**
Mandarin 唱歌。
chànggē
Say It! chang-guh

23

Days of the Week

Mandarin 一周中的日子
yīzhōu zhōng de rìzi
Say It! ee-joh jong duh rih-zuh

English **Today is . . .**
Mandarin 今天 是。。。
jīntiān shì
Say It! jen-tyen shih

English **Monday.**
Mandarin 星期一。
xīngqí yī
Say It! shing-chee yee

English **Tuesday.**
Mandarin 星期二。
xīngqí'èr
Say It! shing-chee-ar

English **Wednesday.**
Mandarin 星期三。
xīngqísān
Say It! shing-chee-san

English **Thursday.**
Mandarin 星期四。
xīngqísì
Say It! shing-chee-suh

English **Friday.**
Mandarin 星期五。
xīngqíwǔ
Say It! shing-chee-wuh

English **Saturday.**
Mandarin 星期六。
xīngqíliù
Say It! shing-chee-lee-oh

English **Sunday.**
Mandarin 星期天。
xīngqítiān
Say It! shing-chee-tyen

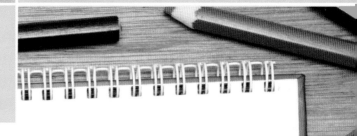

Sunday	Monday	Tuesday	Wednesday	Thursday	Friday	Saturday

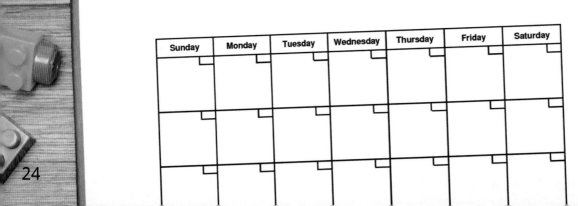

Seasons

Mandarin 季节
jìjié

Say It! 🐱 jee-jeh

English winter

Mandarin 冬天
dōngtiān

Say It! 🐱 dong-tyen

English spring

Mandarin 春天
chūntiān

Say It! 🐱 choon-tyen

English summer

Mandarin 夏天
xiàtiān

Say It! 🐱 shah-tyen

English fall

Mandarin 秋天
qiūtiān

Say It! 🐱 cho-tyen

Weather

Mandarin 天气
tiānqì

Say It! 🐱 tyen-chee

English It is windy.

Mandarin 刮风了。
guā fēngle

Say It! 🐱 gwah fung-lah

English It is raining.

Mandarin 正在下雨。
zhèngzài xià yǔ

Say It! 🐱 jung-zahy shah yoo

English It is cold.

Mandarin 很冷。
hěn lěng

Say It! 🐱 hun lun

English It is snowing.

Mandarin 下雪了。
xià xuěle

Say It! 🐱 shah shuh-lah

English It is hot.
Mandarin 很热。
hěn rè
Say It! 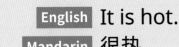 hun ruh

English It is sunny.
Mandarin 天气晴朗。
tiānqì qínglǎng
Say It! tyen-chee ching-lan

English It is cloudy.
Mandarin 天气多云。
tiānqì duōyún
Say It! tyen-chee doh-yoon

Colors

English red
Mandarin 红色
hóngsè
Say It! 🐱 hon-suh

English pink
Mandarin 粉色的
fěnsè de
Say It! 🐱 fun-suh duh

English green
Mandarin 绿色
lǜsè
Say It! 🐱 loo-suh

English orange
Mandarin 橙色
chéngsè
Say It! 🐱 chun-suh

English blue
Mandarin 蓝色
lán sè
Say It! 🐱 lan suh

English yellow
Mandarin 黄色
huángsè
Say It! 🐱 wan-suh

English purple
Mandarin 紫色
zǐsè
Say It! 🐱 zih-suh

English black
Mandarin 黑色
hēisè
Say It! 🐱 hey-suh

English white
Mandarin 白色
báisè
Say It! 🐱 bahy-suh

Numbers

Mandarin 数字
shùzì
Say It! 🐱 shoo-zuh

1

English one
Mandarin 一
yī
Say It! 🐱 ee

2

English two
Mandarin 二
èr
Say It! 🐱 ar

3

English three
Mandarin 三
sān
Say It! 🐱 san

4

English four
Mandarin 四
sì
Say It! 🐱 suh

5

English five
Mandarin 五
wǔ
Say It! 🐱 wuh

6

English six
Mandarin 六
liù
Say It! 🐱 lee-oh

7

English seven
Mandarin 七
qī
Say It! 🐱 chee

8

English eight
Mandarin 八
bā
Say It! 🐱 bah

9

English nine
Mandarin 九
jiǔ
Say It! 🐱 jee-oh

10

English ten
Mandarin 十
shí
Say It! 🐱 shih

About the Translator

Fanny Wong came to the United States to further her studies. She received a B.A. in English from the University of California, Berkeley. Her stories and articles have been published by *Skipping Stones* and *Cricket*. She writes picture books and middle grade historical novels. She lives in Queens, New York.